D1860728

सात हवाएँ

सात हवाएँ

ऊलाव हाउगे

की कविताएँ

अँग्रेज़ी से अनुवाद एवं संचयन

रुस्तम सिंह

वाणी प्रकाशन

वाणी प्रकाशन का 'लोगो'
विख्यात चित्रकार मकबूल फिदा हुसेन की
कूची से

This book has been published with the financial support of Norwegian Literature Abroad (NORLA) and Hauge-Tveitt jubileet 2008

ISBN : 978-81-8143-956-7

वाणी प्रकाशन
21-ए, दरियागंज, नयी दिल्ली-110002
द्वारा प्रकाशित

फोन : 0091#11#23273167, 23275710
फैक्स : 0091#11#23275710
ई-मेल : vaniprakashan@gmail.com
vani_prakashan@yahoo.com
वेबसाइट : www.vaniprakashan.com

प्रथम संस्करण : 2008 मूल्य : 150.00

मुद्रक : भंडारी ऑफसेट प्रिंटर्स, भोपाळ
फोन : 0755-2463769

SAAT HAVAIEN
by: Olav Hauge
Translated by: Rustam Singh

अनुक्रम

Acknowledgements

I am grateful to Norwegian Literature Abroad (NORLA) and Kristin Helle-Valle (Hauge-Tveitt jubileet 2008) for having made this volume of Olav Hauge possible during the poet's birth centenary year. Gina Winje (NORLA) and Kristin are both so passionately devoted to Hauge's poetry that it was unlikely not to see why this was so. They also arranged it for both Teji Grover and me to attend the *Poesifestival* at Ulvik where Hauge lived and worked in stunning natural surroundings. We stayed for a few days facing the fjord, with the mountains shielding in picturesque layers the dark and calm waters skirting below. That was the view Hauge had for a lifetime of poetic inspiration. It was to this view that we made offerings of the Hindi Hauge and of our own poems too during a festival of readings.

We chose the tapestry "Way to the sea" by Bodil Cappelen, Hauge's artist wife, for the cover of this volume. Bodil's presence at the festival stirred deep emotions among those who had known the couple, and Robert Bly had her on the stage as he read his last translation of Hauge's poems. It was a poignant moment for the audience who had been pouring into Ulvik from all corners of the world. Some of us went up to the apple orchard of their house where Hauge had tended the apples as a humble gardener, and though Bodil no longer lives there, we could glimpse her yellow tablecloth that figures in a poem by her husband.

It was Inger Seljestad, our host during the festival, who made this entire experience altogether real for us. She was so solicitous and caring that we wondered if this was the typical Hardanger hospitality or simply Inger's incredibly big heart. Apart from many things related to Hauge, she showed us where the ashes of Edvard Grieg lay buried in a mountain cave lit by the evening sun.

Norwegian writers Lars Amund Vaage and Hanne Bramness offered us warm hospitality ensconced somewhere in the western fjords, and a fantastic narration of literary anecdotes associated with the poet and Bodil Cappelen. They drove us to the hospital where Hauge spent time trying to regain lucidity and light under painful treatment. In very subtle ways they made us *feel* the beauty of the mountains and fjords that nurtured the poems in this book.

To Staffan Söderblom, the Swedish poet and critic, I owe my initial and sustained interest in the poetry of Olav Hauge. And I am particularly indebted to Teji Grover who, apart from helping with the editing of this volume, kept the entire dialogue going throughout this engagement with a great Northern European poet. Hauge expert Idar Stegane made the last entry in Bergen to remove some nagging doubts going over the various English translations of Hauge and comparing them with the original Norwegian. I worked on the final draft of these translations at the Baltic Centre for Writers and Translators (BCWT) in Visby, Gotland. I could do this due to the generosity of Lena Pasternak, the director of the centre, who allowed me to stay there at a crucial moment during this project.

Our friend Oliver Møystad remained once again our primary link to the most significant works of Norwegian literature apart from making us feel perfectly at home in his country.

For the printing subsidy and the permission to publish gratis in Hindi, thanks once again to Kristin's thoughtful intervention in order to keep the price low for the Hindi readers. Det Norske Samlaget, the Norwegian publisher of Hauge, granted the Hindi publisher the rights to publish without a fee.

To our publisher Arun Maheshwari of Vani Prakashan we are grateful for his enthusiasm to publish Olav Hauge in the series of Norwegian literary classics in Hindi. Bhupendra Namdev of Bhopal prepared the manuscript for us, carefully and sensitively as usual. Pratibha Bhandari, who printed this book, patiently showed us what all was required to produce a volume like this.

I also thank, in advance, the legendary Norwegian folk singer Unni Løvlid who will sing from this book on the occasion of its launch in Delhi in December 2008. And the photographer Line Møller in anticipation of the permission to use the portrait of the poet.

Most of these translations are based on Robin Fulton's English versions, and some on Robert Bly's. I am deeply grateful to them for making Olav Hauge so beautifully visible in the English language.

Rustam Singh

ऊलाव हाउगे को पढ़ते हुए

मुझे कविताओं के लिए आवेग का अनुभव नहीं होता। एक लम्बे अरसे से नहीं होता। स्वाभाविक ही है कि ऊलाव हाउगे की कविताओं के लिए भी आवेग का अनुभव नहीं होता। लेकिन यही एकमात्र कारण नहीं है उनके लिए ऐसा अनुभव नहीं होने का। दरअसल, उनकी कविताएँ स्वयं आवेग मात्र से परे हैं और इसीलिए कोई आवेग नहीं जगातीं। और इसीलिए वे मुझे अपनी ओर आकर्षित करती हैं।

लेकिन, इससे मेरा क्या अभिप्राय है कि वे आवेग मात्र से परे हैं?

मेरा अभिप्राय यह है : हाउगे अपने को घेर रहे आसन्न संसार के बारे में लिखते हैं, उस में रहते हैं, और फिर भी उस संसार का अंग होना अनुभव नहीं करते। वे अनुभव करते हैं कि वे एक दूरी पर हैं, और यह एक ऐसी दूरी है जिसके होने को लेकर वे धीरे-धीरे सजग होते गये हैं, वास्तव में एक ऐसी दूरी जो एक अर्से में सायास अर्जित की गयी है। कविता पढ़ते हुए आप इस दूरी को देख सकते हैं : हाउगे और संसार के बीच। इस दूरी की प्रकृति कुछ ऐसी है कि हाउगे एक बिन्दु पर दिखायी देते हैं और संसार दूसरे पर, और हाउगे स्वयं इस संसार में एक बिन्दु पर हैं। और हम देखते हैं कि हाउगे बहुत प्रयत्नपूर्वक स्वयं को संसार से परे खींच रहे हैं। लेकिन उनके और संसार के बीच एक अदृश्य रस्सी है। जितना वे अपने को दूर खींचते हैं, उतना ही रस्सी वापस खींचती है, और उन्हें अपने को निरन्तर दूर रखने के लिए खींचते रहना पड़ता है।

कभी-कभी हाउगे थमते हैं और मुड़कर देखते हैं, उस संसार की ओर जिससे वे अपने को दूर खींच रहे हैं। कविता तभी लिखी जाती है जब वे मुड़कर देखते हैं। और यह कविता उस देखने की अभिव्यक्ति है। या उस अनुभूति की जो उस देखने में अभिव्यक्त होती है।

इस अनुभूति के दो पक्ष हैं। एक ओर इसमें यह कामना है कि संसार से एक दूरी अर्जित करनी है। और दूसरी ओर यह अफ़सोस है कि इस कामना से बचा नहीं जा सकता। दूसरे शब्दों में, यदि मौका होता तो हाउगे को ऐसी कामना करना पसन्द नहीं होता। लेकिन यह मौका होता ही नहीं। और यह नहीं होता क्यूंकि हाउगे यह पहचानते हैं कि इस संसार की प्रकृति ही ऐसी है कि यदि कोई चाहे भी तो संसार के बहुत निकट हो नहीं सकता : आपके और संसार के बीच एक अन्तराल बना रहता है, ऐसा अन्तराल जिसे मिटाया नहीं जा सकता।

हाउगे और संसार के बीच, या हाउगे और उन वस्तुओं के बीच जो संसार में हैं, यह अन्तराल क्यों है? अन्तराल इसलिए है कि वस्तुएँ तब भी जब हाउगे उनके बहुत निकट चले जाते हैं अपना होना नहीं त्यागतीं।

वस्तुएँ सदैव अपने होने को थामे रखती हैं, वे सदैव अपने भीतर ही स्थित रहती हैं, और हाउगे की "निकट" या "दूर" होने की अनुभूति उनके स्वभाव में कोई फ़र्क नहीं डालती। हाउगे के उनके आस-पास बने रहने से, उनके निकट होने से, अविचलित वस्तुएँ वही बनी रहती हैं जो कि वे हैं, वे वैसे ही व्यवहार करती रहती हैं जैसे उन्हें करना होता है। लेकिन बात यहीं समाप्त नहीं होती। हाउगे भी इन वस्तुओं में से एक हैं, और इस तरह वे भी वही बने रहते हैं जो कि वे हैं। वे अपने भीतर स्थित रहते हैं, और वैसे ही व्यवहार करते हैं जैसे उन्हें करना होता है। इस बात के कारण भी हाउगे और उनके आस-पास की वस्तुओं के बीच एक अन्तराल बना रहता है, और हाउगे इसे जानते भी हैं।

और इसी ज्ञान के कारण हाउगे मेरे पढ़े कवियों में सबसे कम सरलमति (gullible) हैं। उनमें किसी भी चीज़ के बारे में कोई विभ्रम नहीं है। वे सब जानते हैं, कुछ भी उन्हें छल नहीं सकता। न समुद्र, न पेड़, न पहाड़, और न ऋतुएँ। मनुष्यों का तो मैं ज़िक्र तक नहीं करूँगा। उनके

आर-पार तो हाउगे बहुत पहले ही देख चुके थे। परन्तु ऐसा नहीं है कि मनुष्यों को वे धिक्कारते भर हैं। कभी-कभी वे उनकी खिल्ली भी उड़ाते हैं, और कुछ दूसरे अवसरों पर उनमें मनुष्यों के प्रति कुछ भावना भी दिखती है। तब भी उनकी भावना का अधिकांश आस-पास की अमानवी वस्तुओं के लिए ही सुरक्षित है।

कभी-कभी हाउगे अपने असल रंग में आते हैं और अमानवी वस्तुओं के लिए भी अपनी भावना को खो देते हैं। मेरे निकट हाउगे की कुछ सबसे आकर्षक कविताएँ ऐसे ही अवसरों पर लिखी गयी हैं। वे कविताएँ उन्हें उनके पूर्णतम अकेलेपन में दर्शाती हैं, लेकिन वही कविताएँ उनके कवि को उसके पूर्णतम गौरव में भी दर्शाती हैं।

रुस्तम सिंह

अँग्रेज़ी से अनुवादः गिरिराज किराडू

राख में अँगारे (1946)

काले सलीब

श्वेत बर्फ़ में
काले सलीब
बारिश में झुके हुए, टेढ़े।

कँटीले बंजर में से होते हुए
मृतक यहाँ आये।
उनके कन्धों पर सलीब थे
जो उन्होंने यहाँ रख दिये
और वे हरेक बर्फ़ीले
तृणगुच्छ के नीचे
आराम करने लगे।

शृंग के नीचे (1951)

भूर्ज

चीड़ के जंगल में
— भूर्ज
एक हरा झण्डा
जब वसन्त जवान होता है।
लेकिन चीड़
अँधेरी और उदास है।

भूर्ज
डटा रहता है
— अन्ततः
एक चमकती हुई ज्वाला है।
लेकिन चीड़ भी
कम भारी नहीं।

फिर भूर्ज
पीले पत्ते फेंक देता है
और वहाँ
ठण्डा
खड़ा रह जाता है,
उसकी नंगी डालियाँ
तुषार से लदी हुईं।

नदी-कन्या

वसन्त की चमकीली रातों को
जब भूर्ज के वृक्षों में
रस चढ़ रहा होता है
वह अपने बाल झटकती है
और गाती है
और नाचती है पर्वत के आगे।
अब उसका खेल ख़त्म है,
सफ़ेद बाहों से
लौह-धूसर भृगु को
आलिंगन में लिए हुए
वह उसे चूस रही है
एक लम्बे बर्फ़-चुम्बन में।

मैं युवा पेड़ों को हिलाकर उनकी बर्फ़ गिराता हूँ

क्या कर लोगे तुम जब वह
बरसने लगेगी तुम्हारे ऊपर,
नाचते, लुढ़कते
लच्छों पर
फूहड़ नेज़े फेंकोगे,
या कन्धे उचकाकर
जो होता है उसे होने दोगे?

गोधूलि में
एक बल्ली लेकर
उछलता हुआ मैं घूमता हूँ बगीचे में,
मदद के लिए।
थोड़ा सा
कुछ करना होता है :
बल्ली से
एक तीखी थपक लगाना
या टहनियों के सिरे को
झटक देना —
बर्फ़
तुम्हारे ऊपर बिखर जाती है
जबकि सेब का पेड़
वापिस उठ खड़ा होता है।

वे इतने गर्वीले हैं, युवा पेड़,
उन्होंने हवा के सिवा
और किसी चीज़ के आगे
झुकना नहीं सीखा है —

और उसमें
बस मज़ा है
और तरंग है।
पेड़ जिन्होंने फसलों को जना है
टोकरी-भर बर्फ़ को भी सह लेते हैं
और इसकी ज़रा भी परवाह नहीं करते।

बारीक बर्फ़

शरद् के तूफ़ान के बाद
फ़्योर्ड शान्त हो चुका था।
अब वह आसमानों और सितारों को
प्रतिबिम्बित करता पड़ा था,
और चाँद उस पर
सोना फैलाता था।

और एक रात
चमकती काली गहराई ने
— शरण के लिए —
फ़ौलाद का कवच ओढ़ लिया।
पक्षियों को वहन किया
और फिंके पत्थरों को
और बर्फ़ को पड़ी रहने दिया।
ज़मीन क्या थी,
पानी क्या था?

जब तक जाड़े के तूफ़ान ने
और गहरी धाराओं ने
फ़ौलाद के तल को
अचानक टुकड़ों में नहीं तोड़ दिया
और कूट-कूटकर गूदे में नहीं बदल दिया।

...

मन, कहाँ है तुम्हारी शान्ति,
तुम्हारे उद्देश्य, तुम्हारे सम्बन्ध?
सोये हुए समुद्र पर
बारीक बर्फ़।

अकेलेपन के पर्वत के पीछे

अकेलापन मीठा होता है
यदि वापिस दूसरों तक
ले जाने वाला रास्ता
खुला रहे।
तुम सिर्फ़ अपने लिए ही
नहीं चमकते।

पर उस दिन
जब तुम्हारे पीछे
गिरकर बन्द हो जायेगा पर्वत,
तुम अन्धी वेदना में
खड़े पुकारोगे
और अपनी उँगलियों की गाँठों को
एक बन्द दीवार पर पटकोगे।

और तुम सितारों से निवेदन करोगे,
पत्थरों से, समुद्र से और हवा से,
यह सोचकर कि वे जानते हैं
और अपने आप को
उनसे कम कर लोगे।

अकेलेपन के पर्वत के पीछे — तुम!
एक छुपी हुई धारा
वापिस लौटती है
सिन्दबाद की तरह
उसके पीछे-पीछे चलने की
यदि तुम कर सकते हो हिम्मत।

तुम होना चाहते हो सिर्फ़

सख़्त चट्टान के अन्दर
टटोलती हुई जड़ नहीं,
कोंपल नहीं, तरुण पौधा नहीं,
तूफ़ान में पेड़ का मज़बूत धड़ नहीं,
विनम्र टहनी नहीं,
पाले और बर्फ़ में
छाल का रेशा नहीं, छाल नहीं —
उठता हुआ रस नहीं,
बढ़ने के लिए ताकत नहीं,
फल नहीं, बीज नहीं,
चुपचाप अपने गुम्बद को
बनाता पत्ता नहीं —
तुम होना चाहते हो
सिर्फ़ चमकीला फूल।

समुद्र

वह समुद्र था।
गाम्भीर्य स्वयं,
विस्तृत और धूसर।
लेकिन जैसे मन
एकल क्षणों में
अचानक खोल देता है
रहस्यमयी गहराईयों के
बदलते दर्पण-दृश्य —
समुद्र भी
एक नीली सुबह को
स्वयं को खोल सकता है
आकाश और एकान्त की ओर।
देखो, समुद्र दमक रहा है,
और मुझमें भी सितारे हैं
और गहराइयाँ जो नीली हैं।

मछुआरा और समुद्र

रहस्यमयी
है समुद्र मनुष्य के मन में।
एक मामूली मछुआरा होऊँ मैं वहाँ,
यही मेरी मिन्नत थी
और मेरा स्वप्न।

खोजबत्तियाँ
और पंसालें लेकर आये तुम।
तुम मेरे समुद्र को
घसीट ले जाना चाहते थे।

घसीट कर वहाँ ले जाना
जहाँ कोई तल नहीं।
तो झूलो फिर, मेरे दुख के समुद्र!
और गहराइयाँ
और दूर के सितारे
उसके परिश्रम को निष्फल करें।

जीभ और घण्टी

मैं घण्टी के
अन्दर वाली जीभ हूँ,
भारी
मूक
जीभ।

मुझे छूना नहीं —
लोहे पर
मेरे लगने से
सन्नाटा
टूटकर
बिखर न जाये।

जब घण्टी
झूलने लगेगी
केवल तब
मै बजूँगी,
झूलूँगी
और बजूँगी
गहन
लोहे पर।

धीरे-धीरे जंगल लाल होता है दर्रे में (1956)

सात हवाएँ

सात हवाओं ने, सात हवाओं ने
गुनगुनाया और गाया।
सात हवाओं को, सात हवाओं को
आकाश बहुत छोटा लगा।

सात हवाएँ, सात हवाएँ
टकरायीं झंझावातों में।
एक वहशी हलचल थी वहाँ,
और मृत पत्ते घूम रहे थे भँवरों में।

सात हवाएँ, सात हवाएँ
चलती रहीं अपनी-अपनी राह।
और सभी हवाएँ
आज सोयी हुई हैं।

फ़्योर्ड के दूसरी ओर नदी

वह गिर रही है और गिरती चली जा रही है
आज जैसे कल भी गिर रही थी,
गिर रही है दन्दियों में
जहाँ केवल गरुड़
झपटता है —
निरन्तर गिर रही है,
गिर रही है अपने पूरे वज़न के साथ
चट्टान पर,
बिना किसी आवाज़ के,
बिना किसी गीत के,
जूझ रही है और गिर रही है —
दर्रों और दरारों में से
छलक रही है,
श्वेत दाढ़ी में
बुलबुला रही है,
रुक रही है
और लटक रही है —
गिर रही है
वहाँ जहाँ काल नहीं,
अपने
दुःस्वप्न में फँसी हुई गिर रही है —
एक शब्द भी निकाल नहीं सकती,
एक आवाज़ भी नहीं...

धीरे-धीरे उद्घाटित होता है सत्य

जागना, और महसूस करना
कि तुम्हारा हृदय डूब रहा है
भारी और अँधेरा
और सख़्त होता जा रहा है...

धीरे-धीरे समुद्र अपनी लहर उठाता है,
धीरे-धीरे जंगल लाल होता है दर्रे में,
धीरे-धीरे लपटें नर्क को चाटकर ले आना शुरू करती हैं,
धीरे-धीरे उद्घाटित होता है सत्य।

समुद्र का पक्षी

समुद्र का
पक्षी थे तुम, और कि
तुम्हारा यह हश्र होना था!
तूफ़ान में उठते हैं अन्य,
शैल-द्वीप पर तुम चिचियाते हो।

अभी समय है

प्राचीन छायाओं के लिए
तुम गाते हो,
तुम्हारी अपनी ही
छायाएँ।

अजन्मे स्वप्न-दृश्य
तुम्हारे दिन पर मँडराते हैं —
कब दोगे तुम उन्हें
जीवन?

अभी समय है,
तुम सोचते हो
— घास अभी
हरी है।

वसन्त में फ़्योर्ड

उसके उपहार में कुछ कुटिल है,
बोतल जैसे हरे झाड़-झँखाड़ में
कुछ अधम और विचित्र
जिसके बारे में वसन्त का सूर्य जानना नहीं चाहता :
अपुष्प पर्ण, जो किसी दूसरे जगत में पले हैं,
जिनके स्राव में सड़ाँध है, और घृणित
तलछट और पंकिल पत्थर और
काली खोहों में से ऊपर की ओर रेंगती,
आपस में उलझी हुई खर-पतवार।

और यह सच है, वह हरी मख़मली किनार
जो वह पीले तटों को देने का प्रयत्न करता है
हिम के नीचे बुनी गयी थी; उन्हें लम्बे समय से
घास और नवनीत-पुष्प ही मिलते रहे हैं,
उसने सोचा।

लेकिन सांध्य-प्रकाश में उसका औदार्य चमक उठता है,
बर्फ़ानी प्रदेशों के चहुँ ओर
नर्म मख़मल की एक हरी झालर। और सजगता से
बुनकर हट गया है
और उसने आँख मूँद ली है।

आभामय अन्तराल

पवित्र सितारे!
ठण्डी आभा के अन्तराल
तुम फैलाते हो अपने चहुँ ओर,
ठण्डी आभा।

महान अनुभव भी
ठण्डी आभा के
अन्तराल
अपने चहुँ ओर फैलाता है,
रोशनी के बीज की
सुरक्षा करता है।

समीप नहीं आओ,
कभी समीप नहीं आना!
सदा के लिए
आभा के अन्तराल
बीच में रहेंगे।

गिद्ध के केश-गुच्छ पर (1961)

पुनर्गान

मेरे मन में गहरे जो नदी है वह फिर गा रही है,
और हवा खड़ी हुई है, उसमें गुँथी हुई प्रशान्ति रात के शीतल
देश से मुझ तक पहुँच रही है,
वहाँ सपनों जैसे नीले कलश दूसरे समुद्रों में
अपने बिम्ब फेंक रहे हैं।

लेकिन क्या हैं मेरे शब्द?
उत्तर के आगे डटे हुए
तूफ़ानों द्वारा मोड़े-तोड़े वन,
दिन की
मर्मभेदी आग के विरुद्ध
ऊबड़-खाबड़, खुरदुरे, नुकीले
शैल-पत्थर।

मुझे पूरा सत्य न दो

मुझे पूरा सत्य न दो,
मेरी प्यास के लिए मुझे समुद्र न दो,
जब मैं रोशनी के लिए कहता हूँ मुझे आकाश न दो,
पर मुझे एक कौंध दो, ओस से लिपटा हुआ एक तृण दो, एक
धूलि-कण दो
जैसे पक्षी जल-बूँदें लिए रहते हैं जब वे नहाकर उड़ते हैं
और हवा नमक का एक ज़र्रा।

मैं पर्दा खोल देता हूँ

सोने से पहले मैं पर्दा खोल देता हूँ,
जब मैं जागता हूँ तो मैं देखना चाहता हूँ जीवित अँधेरे को,
और जंगल और आकाश को। मुझे पता है एक ऐसी क़ब्र का
जिसमें देखने के लिए सितारों को कोई छिद्र नहीं है।

पश्चिम में आ पहुँचा है सप्तर्षि, सदा शिकार पर रहता है —
वह वहीं तक पहुँचा है जहाँ मैं हूँ।
चेरी का वृक्ष बाहर नंगा और काला है।
आकाश के विशाल नीले वक्र में
सुबह का चाँद खींच रहा है चित्र दृढ़ नाखून से।

एक पर्वत को

ऐसा है कि जैसे मैंने तुम्हें पहले कभी नहीं देखा, तब भी
तुम्हारा हठी पंजा जीवन-भर मेरे दृश्य में रहा है,
पर्वत पर्वत हैं, और ईश्वर ने उन्हें तौला है।
वैभव मैंने देखा है और शान्ति,
मेरा अपना दर्प अनन्त के आगे खड़ा;
एक चिह्न जिसकी व्याख्या कर दी गयी हो।

लेकिन आज तड़के ही मैंने तुम्हें देखा : तुम एक गरुड़ की तरह थे
दिन चढ़ने की प्रतीक्षा में, उड़ने को तैयार।
अब तुमने अपने चौड़े पंख समेट लिए हैं
वन के शिखरों के पीछे। और साँझ
और सितारे तुम्हारे हैं।

तट पर

उसने कोई जवाब नहीं दिया, पर अपनी पीठ तुम्हारी तरफ़ फेर ली
— और चली गयी।
और हवा ने और बादलों ने, हाँ समुद्र ने भी अपनी पीठ फेर ली
अँधेरी होती हुई; तट के पत्थरों ने गोता लगाया,
हरेक तिनका, हरेक लहर
किसी अन्य तट की ओर चली गयी।

ली पो को

स्वर्ग लोक में हुकूमत करना
बेशक तुम्हें लुभाता था, ली पो।
तुम्हारी मदहोशी में क्या तुम्हारे पास पूरी दुनिया नहीं थी,
    बादल और हवा, और परम सुख?
अपने हृदय पर हुकूमत करना, ली पो,
और भी बड़ा काम है।

कर्तन-काष्ठ

कुल्हाड़े के नीचे काष्ठ होना
कठिन है,
महसूस किया है मैंने।
पर जब उन्होंने
मुझे चुन लिया
मैंने सीखा :
निष्चेष्ट पड़े रहो और चुप रहो!

ऊपर ढलान पर लकड़हारे
लट्ठे लुढ़काने लगे हैं।
यहाँ आँगन में
वे चीरते रहें!
अपने खपचीदार मुकुट में
मैं ऐंठता, इतराता हूँ।

बड़े घर ठण्डे होते हैं

बड़े घर ठण्डे होते हैं।
मैं इसे शरद् में महसूस करता हूँ
पहली बर्फ़ के फाहे जब गिरने लगते हैं
और पृथ्वी सख़्त हो जाती है
पाले के नीचे।
तब उमड़ता है मेरा वीरान अकेलापन,
और छत टूट-फूट जाती है,
और प्रहार कुल्हाड़ी का कुत्ते की तरह चीखता है जमे हुए,
        बर्फ़ीले, कड़े जंगल में।
मेरा जंगल एक जंगल है
इसके जंगल में,
मेरा पर्वत एक पर्वत
इसके पर्वत में,
और दिन एक चमक है
इसकी रात में।
थोड़े से जो लोग और पशु मुझे टकरते हैं,
धुँधलके में चीड़ की डगारों और तीखी पत्तियों के साथ
झख मारते हुए
और तुषार पर छोड़ जाते हुए अपने पैरों के निशान,
इसके स्वप्न में छायाई टिमटिमाहटें हैं।

जाड़े का दिन

यह अजनबी प्रकाश यहाँ क्या चाहता है?
दिन श्वेत सितारों के नीचे है।
और स्वप्न चाँद के नीचे फूटते हैं।

पर्वत अपने बहुत अन्दर शब्द लिये हुए है,
पर उसका सीना कड़ा है और दाढ़ी जमी हुई है।
नदी-मुख संक्षिप्त कौंधों में उत्तर देता है, एक संक्षिप्त क्षण के लिए
खुलता है,
और देवदारु थोड़ी सी यक्षधूप त्याग देते हैं।
बुलबुल अपने स्वर्णिम-शिखर से बर्फ़ झाड़ती है,
और घोड़े की सर्द थूथन काँपती है।
जलाने की लकड़ी में से घूमता हुआ ठण्डा सख़्त गूदा निकलता है,
और पाला हज़्म कर जाता है कुल्हाड़ी के प्रहार को।

लेकिन अब चोटी सूर्य की चकती को हज़ार टुकड़ों में तोड़ देती है,
उसकी
भेंगी नज़र को फेंक देती है दूर एक नभ की ओर।
शैल-शिलाओं पर बुझ जाती हैं ऊँची स्नोबर-बत्तियाँ
और पेड़ झुण्डों में टिक जाते हैं रात के लिए।
नदी दर्रे में उछ्वास छोड़ती है, समुद्र के लिए अपनी इच्छा को बर्फ़ में
बदल देती है,
और पत्थर हिम के नीचे सोते हैं अपने हृदयों में हरे स्वप्न लेकर।

गीत, मेरे हृदय पर हौले-हौले चलो

गीत, मेरे हृदय पर हौले-हौले चलो,
हौले-हौले चलो जैसे घण्टी-झाड़ियाँ जलमग्न बंजर पर,
जैसे कोई पक्षी बीती रात को गिरी बर्फ़ पर।
दर्द की पपड़ी तोड़ दोगे,
गीत, और तुम डूब जाओगे।

मक्के का खेत

टावर ब्रिज का एक पुराना काष्ठ-चित्र
और एक मक्के के खेत का तैलचित्र।
वार्ड डी में और कोई चित्र नहीं।

नदी के ऊपर टावर ब्रिज कालिख से पुता हुआ।
पर यह मक्के का खेत है जिसे मैं देख रहा हूँ।
अनाज का स्वर्णिम समुद्र।

अन्य खेतों जैसा नहीं। क्या सभी
दिवा-स्वप्निल आँखें खींच लायी हैं इसे
अपने आकाश में?

शरद् जैसा नीला, मृदु आकाश,
कोई हार्वेस्टर नहीं, कोई दराँती नहीं।

पूर्वी हवा में बूँदें (1966)

रोज़मर्रा

बड़े तूफ़ानों को
अब तुम पीछे छोड़ आये हो।
तुमने उस वक्त नहीं पूछा
तुम क्यों पैदा हुए थे,
तुम कहाँ से आये थे, कहाँ जा रहे थे,
तुम बस तूफ़ान में थे,
आग में।
लेकिन रोज़मर्रा में भी
जीना सम्भव है,
धूसर शान्त दिन में,
आलू सेंकना, जमाना, पत्ते खींचना, समेटना,
कटी-गिरी लकड़ी उठाकर ले आना।
यहाँ दुनिया में सोचने को कितना कुछ है,
इस सबके लिए एक जीवन काफ़ी नहीं।
काम के बाद सूअर का माँस भून लो
और चीनी कविताएँ पढ़ लो।
बूढ़ा लेअर्तीज़ कँटीली झाड़ियों को काटता था,
अपनी अंजीरों में खोदता-खादता था,
और नायक लोग ट्रॉय में लड़ते रहते थे।

कोई फ़र्क नहीं पड़ता

यदि टिड्डा अपनी दराँती तीखी करता है
तो कोई फ़र्क नहीं पड़ता।
लेकिन यदि वनयूका फुसफुसाती है
तो सावधान रहना।

पहाड़ी-हवा

तुम ठण्डी कठोर पहाड़ी-हवा थीं।
तब एक अँधेरा पर्दा उठ खड़ा हुआ
और उसने तुम्हारी ताक़त को बिखेर दिया। मृत्यु।
अब तुम रेंगती हो — एक पराजित हवा
गुनगुनी ढलानों के साथ-साथ।

दलदल के पार

इन सब पेड़ों के स्थूणों पर पैर रखते हुए जो यहाँ गिरे पड़े हैं
तुम दलदल को
सुरक्षित लाँघ सकते हो।
इस तरह की जड़ें देर तक रहती हैं, सम्भव है
ये सदियों से यहाँ पड़ी हों,
और तब भी शैवाल के नीचे
उनके गलते हुए निशान हैं,
वे अब भी यहाँ हैं और तुम्हारा वज़न सह लेती हैं
और बिना चोट खाये तुम्हें पार करने देती हैं।
और जब तुम पहाड़ी झील तक वहाँ दूर आगे निकल जाते हो
तुम महसूसते हो कि कैसे वहाँ स्मृति भी उपस्थित है
उस ठण्डे व्यक्ति की
जिसने डुबो लिया था यहाँ अपने आप को
और वह एक क्षीण कश्ती लिये हुए है,
दीवाना आदमी जिसने अपनी ज़िन्दगी
पानी और अनन्त काल के भरोसे छोड़ दी थी।

उल्लू

पकी बेरियों से भरे बगीचे में
पेड़ चमकते हैं,
कस्तूंरा शोर मचाती आती है।
और गोल सिर लिये,
त्योरियाँ चढ़ाये उल्लू बैठा है।
कस्तूरा इधर-उधर फुदकती है, सजगता में
भाग जाती है।
हालाँकि उल्लू मृत है
और धूप में बैठा है,
पेड़ में जहाँ उल्लू है
वहाँ रात जैसा काला और डरावना है।

ओफ़िलिया

तुम कोई रहस्य नहीं हो, ओफ़िलिया,
सिर्फ़ वह उलझन हो जो एक जीवन और एक हृदय होते हैं।
जीवन कितना हठी और जटिल हो सकता है।
हम कहाँ जाते
यदि हमें दुख और मृत्यु नहीं मिले होते?
नाचो, ओफ़िलिया, गाओ!
अपने चहुँ ओर गुलाब बिखेर लो,
भागकर एक और भी अँधेरे कमरे में चली जाओ,
वहाँ ज़्यादा अच्छा है, दिन वहाँ
इतना कठिन नहीं।
जब व्यथा की उत्तप्त नोक तुम्हें डँसती है
गाओ, ओफ़िलिया, नाचो!
गड्ढे में गुलाब बिखरे पड़े हैं।

किनारे के पत्थर

कभी-कभी सड़क
एक मैदान में से गुज़रती है।
यदि तुम उस पर न जाओ
कोई घातक बात नहीं
पर लोग जाते हैं।
ज़्यादातर उसके एक तरफ़
चट्टान होती है,
दूसरी तरफ़ खाई,
इसलिए तुम्हें उसी पर चलना है।
चट्टान तुम्हें घेर लेती है,
किनारे के पत्थर
दाँतों की एक पंक्ति की तरह
तुम्हें चिढ़ाते हैं :
सड़क से ज़रा भी न हटो!
ठेठ खनकों द्वारा
शृंगों में से
विस्फोटित किनारे के विषम पत्थर
तीखे कोने
तुम्हारी ओर मोड़ते हैं :
तुम लुढ़क *नहीं जाओगे*।

जाड़ा भूल गया है

जाड़ा सफ़ेद गायों को पर्वत पर भूल गया है
जहाँ वे हरी ढलानों पर चरती हैं।
लेकिन वसन्त का सूरज और घास बहुत बलवान हैं।
हरेक दिन गायें पतली पड़ती जा रही हैं।

जाड़े की सुबह

आज जब मैं जागा तो काँचों पर बर्फ़ थी
पर मैं एक अच्छे सपने का गरमाया हुआ था।
और स्टोव कमरे में ताप फैला रहा था
लकड़ी के उस टुकड़े से जिसने रात भर उसे गुनगुना बनाये रखा था।

बैत

बैत
पीला खड़ा है
जैसे वह पिछले वर्ष भी खड़ा था
लेकिन अब कम लोग उसे देखते हैं।
न ही अब
बाँसुरियाँ सुनायी देती हैं।

बिलाव

बाड़े में
बिलाव बैठा होगा
जब तुम आओगे।
उससे थोड़ी बात कर लेना। फ़ार्म पर
वही है जिसे हर चीज़ का पता है।

हवा तुम थे

मैं कश्ती हूँ
बग़ैर हवा के।
हवा तुम थे।
क्या यह वही दिशा थी जो मुझे लेनी थी?
ऐसी हवा हो
तो दिशा की किसे परवाह है!

तलवार

तलवार
चीरती है
जब उसे निकाला जाता है,
और कुछ नहीं
— तो हवा को।

मेरे पास तीन कविताएँ हैं

मेरे पास तीन कविताएँ हैं,
उसने कहा।
कविताएँ गिनने के बारे में सोचो।
एमिली ने उन्हें
एक बक्से में फेंक दिया, मैं
सोच नहीं सकता कि उसने उन्हें गिना होगा,
उसने बस फैलाया चाय का एक पैकेट
और एक नयी कविता लिख दी।
यही ठीक भी था। एक अच्छी कविता में
चाय की गन्ध रहनी चाहिए।
या कच्ची मिट्टी की और अभी-अभी चीरी गयी लकड़ी की।

जो चीज़ मुझे सबसे अच्छी तरह याद है

बचपन की जो चीज़ मुझे सबसे अच्छी तरह याद है
वह हवा है।
अब कोई हवा नहीं बची।
कोई हवा नहीं
और कोई पक्षी नहीं,
अब क्या होगा?

जब मैं जागता हूँ

जब मैं जागता हूँ, एक काला
कऊआ मेरे हृदय को नोचता है।
क्या मैं फिर कभी नहीं जागूँगा और देखूँगा
समुद्र और सितारे, जंगल और रात,
और सुबह जिसमें पक्षी गाते हैं?

फ़र्श

अपना एक फ़र्श हो
तो अच्छा रहता है।
तुम्हारे नीचे
क्या वह काँपता था
या कष्ट उठाता था?
नाचता
तो मैं नहीं,
पर मैं
इधर-उधर आता-जाता हूँ
अपने
इस या उस में व्यस्त।
कभी-कभार
मैं गुस्सा खाता हूँ,
गुस्सा,
भारी कदम पटकता हूँ,
मुझ में अभी भी
ज़रूर कुछ
जवान होगा,
जवान,
एक वहशी घोड़ा
जो लगाम में
हिनहिनाता है।
और कभी-कभी
फ़र्श गूँजता है,
और अलमारी और स्टोव में
कुछ खनकता है।

नीले संगीतज्ञ

वे खड़े हैं वहाँ
उनकी बाँहें संगीत से
भरी हुईं, जैसा वह उन्हें
अपने पितृों से मिला है,
और उनके आगे जो जगह है
उसे वे एक नीली हवा से भर रहे हैं
और फिर इस हवा के अन्द-
र खड़े होकर
फूँकें मार रहे हैं —
वे बस यह
नीली हवा हैं।
वे
नीली हवा हैं
जब तक — उनका
कुछ भी
बचा रह जाता है?
ये लो —
पीतल का बाजा
कुड़कुड़ाया नहीं,
पर वह
कुड़कुड़ाने ही वाला था।
आँखें
उस स्वर के पीछे
ताकती हैं,
श्वेत बिन्दुओं की तरह
खड़ी हुई हैं।

मैं यहाँ खड़ा हूँ, क्या तुम समझते हो

मैं यहाँ खड़ा हूँ, क्या तुम समझते हो।
मैं पिछले साल भी यहाँ खड़ा था, क्या तुम समझते हो।
मैं यहाँ खड़ा भी रहूँगा, क्या तुम समझते हो।
मैं इसे सहता भी हूँ, क्या तुम समझते हो।
कुछ ऐसा भी है जो तुम नहीं जानते, क्या तुम समझते हो।
तुम यहाँ बस पहुँचे ही हो, क्या तुम समझते हो।
हमें कितनी देर यहाँ खड़े रहना है?
हमें खाना भी है, क्या तुम समझते हो।
जब मैं खाता हूँ तब भी मैं खड़ा रहता हूँ, मैं ऐसा करता हूँ, क्या तुम समझते हो,
और दीवार पर प्लेटें फेंक देता हूँ।
हमें आराम भी करना है, क्या तुम समझते हो।
हमें मूतना और हगना भी है, क्या तुम समझते हो।
हमें कितनी देर यहाँ खड़े रहना है?
मैं इसे सहता भी हूँ, क्या तुम समझते हो।
मैं यहाँ खड़ा रहूँगा, क्या तुम समझते हो।

यह वो स्वप्न है

यह वो स्वप्न है जिसे हम छिपाकर रखते हैं
कि कुछ चमत्कारिक घट जायेगा,
कि वह अवश्य घटेगा —
कि समय खुल जायेगा
कि हृदय खुल जायेगा
कि द्वार खुल जायेंगे
कि चट्टान का चेहरा
खुल जायेगा
कि झरने फूट पड़ेंगे —
कि स्वप्न खुल जायेगा,
कि एक सुबह हम तैरते हुए
जा निकलेंगे किसी नन्ही, अनजान बन्दरगाह में।

हवा से पूछो (1971)

रातोरात हरी हो गयी है घास

रातोरात हरी हो गयी है घास।
एक पक्षी गाने की कोशिश कर रहा है,
धुन्ध उठ रही है,
और बर्फ़ की चोटी के ऊपर उग आया है सूरज।
बहुत पहले की सुबहों की ख़ुशी
उसकी ताम्र-ढाल को हौले से थपथपाती है।

ताओ चिन

ताओ चिन यदि एक दिन
मुझे मिलने के लिए आते हैं, तो मैं उन्हें
चेरी और सेब के अपने वृक्ष दिखाऊँगा,
और मैं चाहूँगा कि वे वसन्त में आयें
जब वे फूलों से भरे होते हैं। तब हम सेब-रस के प्याले लेकर
छाँह में बैठेंगे, शायद मैं उन्हें
एक कविता दिखाऊँगा — उनकी पसन्द की कोई कविता यदि
ढूँढ पाऊँगा।
वे ड्रैगन जो आकाश में आग की तरह लपकते हैं अपने पीछे
ज़हर और धुआँ छोड़ते हुए
उनके ज़माने में ज़्यादा धीर होकर उड़ते थे, और ज़्यादा पक्षी
गाते थे।
ऐसा कुछ भी नहीं यहाँ जिसे वे समझ नहीं पायेंगे।
पहले से भी ज़्यादा इस तरह के छोटे बाग में वे आकर रहना
चाहेंगे।
पर मुझे नहीं पता कि यदि वे ऐसा करते हैं तो उनका
अन्तःकरण कितना शान्त होगा।

मैंने खिड़की के पास वाला सेब का बड़ा पेड़ काट दिया

मैंने खिड़की के पास वाला सेब का बड़ा पेड़ काट दिया।
एक तो वह दृश्य को रोकता था,
गर्मियों में बैठक उबाऊ हो जाती थी,
फिर, थोक-विक्रेता अब उस तरह के सेब को
लेना नहीं चाहते थे।
मैंने सोचा कि मेरे पिता ने
क्या कहा होता, उसे सेब का वह पेड़
पसन्द था।
लेकिन तब भी मैंने उसे काट दिया।

अब पहले से ज़्यादा खुला है, मैं
फ़्योर्ड के ऊपर देख सकता हूँ
या ज़्यादा पड़ौसियों पर
नज़र रख सकता हूँ,
घर
अब स्पष्ट नज़र आता है, अपने आप को
ज़्यादा दिखलाता है।

मैं इसे मानना नहीं चाहता, पर मुझे सेब के उस पेड़ की याद आती है।
चीज़ें अब वैसी नहीं रहीं। वह अच्छी शरण देता था
और अच्छी छाया, उसकी टहनियों के बीच में से
सूर्य मेज़ पर
झाँकता था, और रात को लेटा-लेटा
मैं अक्सर हवादार पत्तियों को सुनता था। और सेब —
वसन्त में उनसे बेहतर, वैसे चिरपरे और स्वाद वाले और कोई सेब नहीं
होते थे।

मैं जब भी ठूँठ को देखता हूँ मुझे दुख होता है : जब वह
नर्म पड़ जायेगा, मैं उसे काट कर जलाने वाली लकड़ी में बदल दूँगा।

पिंगल का एक ठूँठ खड़ा है

पत्थरों के बीच जहाँ
सड़क आँगन की ओर मुड़ती है
पिंगल का एक ठूँठ खड़ा है।
एक बेकार खुद ही उगा हुआ
पिंगल का ठूँठ।

एक रात मैं घर को आता हूँ
बेर के दो वृक्ष वहाँ हैं।
वे युगों से वहाँ खड़े हैं,
टेढे-मेढ़े और हवा में घिसे हुए;
शरद् का मौसम है,
उनके पत्ते धूसर-लाल।

अचानक थोड़ी हलचल और
थोड़ा गाना और — दो
हरे चिनार
गेट के दोनों ओर
आकाश तक
उठ जाते हैं।

प्रभात की रोशनी में मैं बाहर आता हूँ
और देखता हूँ, मुझे बेर के पुराने वृक्ष
पसन्द थे।
पिंगल के ठूँठ की तरह
अब वे
नज़र नहीं आ रहे।

मृत वृक्ष

मैगपाइ उड़कर चली गयी है,
मृत वृक्ष में वह घोंसला नहीं बनाती।

पत्तों की झोपड़ियाँ और बर्फ़ के घर

ये कविताएँ
कुछ ख़ास नहीं हैं, सिर्फ़
कुछ शब्दों का यों ही लगाया
एक ढेर।
फिर भी
मेरा ख़्याल है
इन्हें बनाना
कोई बुरी बात नहीं है, तब
मेरे पास
थोड़ी देर के लिए
एक घर जैसा कुछ होता है।
मुझे याद हैं पत्तों की वे झोपड़ियाँ
जो बचपन में
हम बनाते थे :
हम रेंगते हुए उनमें घुस जाते थे और बैठकर
बारिश को सुनते थे,
जंगल में एकान्त को महसूस करते थे,
नाक और बालों पर
पानी की बूँदें —
या क्रिसमस पर बर्फ़ के घर,
जिनमें घुसकर हम बोरी से सुराख़ को बन्द कर देते थे
और मोमबत्ती जलाकर, ठण्डी शामों को
वहाँ बैठे रहते थे।

लु ची को पढ़ो और एक कविता बनाओ

लु ची को पढ़ो और एक कविता बनाओ।
वो यह नहीं कहता कि वह कैसी होनी चाहिए।
पहले भी कईयों ने बलूत का चित्र बनाया था।
तब भी मुंक ने बलूत का चित्र बनाया।

रोज़ एक कविता

मैं रोज़ एक कविता लिखना चाहता हूँ,
रोज़।
यह सरल होना चाहिए।
ब्राउनिंग लिखता रहा, पर वह
छन्द बाँधता था और
स्वर गिनता था
घनी भौंहें लिए।
सो, रोज़ एक कविता।
तुम्हें कुछ सूझता है,
कुछ घटता है,
कोई चीज़ तुम्हारी नज़र को पकड़ती है।
— मैं उठ खड़ा होता हूँ। रोशनी फूट पड़ी है।
और चेरी के वृक्ष से बुलफिंच को उठते हुए देखता हूँ,
जहाँ वह मेरी कलियाँ चोरी कर रहा है।

ठण्डा दिन

सूर्य अपनी आँख भींचता है
एक बर्फ़ीले शृंग के पीछे।
थर्मामीटर
नीचे,
और नीचे की तरफ़
सरकता है —
आपकी गर्माहट
एक छोटे से
कोटर में
सिमट आती है।
मैं अलाव में लकड़ियाँ फेंकता जाता हूँ,
कविता को
संक्षिप्त रखता हूँ।

बेचारी बूढ़ी चीज़

बेचारी बूढ़ी चीज़
और प्रेम की बीमारी लग गयी है!
ज़रा देखो इसकी गालों पर कितनी दमक है,
और मृत सपनों से
आँखें कैसे चमकती हैं!
बूढ़े भूर्ज पर जल्दी ही
लाल धब्बे उभर आते हैं
यानी "कटने को तैयार"।

घोड़े और पथिक

घोड़े और पथिक
सड़क के किनारे प्याऊ की तलाश में रहते हैं।
उन्हें पेट्रोल-स्टेशनों से
क्या लेना?

विचित्र मछलियाँ

यकीन करें लोगों पर?
हम जल्द ही देख लेते हैं
कि वे किस तरह की विचित्र
मछलियाँ हैं,
अब हरी,
अब काली,
अब नीली —
कहने को
यह रोशनी और नदी का तल
और प्रवाह हैं
जिनकी वजह से
वे रंग बदलती हैं।

तुम्हारी तरह, वह भी मनुष्य है

तुम उसका सम्मान करते थे
जब तक
तुम उसे नहीं समझते थे
या
तुम्हारी पकड़ में नहीं आया
कि वह
किस चीज़ के पीछे था।
जब तुम समझ गये,
वह तुम्हारे सम्मान का अवसान था।
तुम्हारी तरह,
वह भी मनुष्य है,
और अपने आप को
मोर बनाने
की कोशिश में है।

कुछ पूर्वचिन्ह होते हैं

कुछ पूर्वचिन्ह होते हैं :
हवा, रूहें और पक्षी।
और घूमने वाले दरवाज़े।

वह
कौन था जिसे मैंने
काँच में देखा
जब तुम अन्दर आये?

दरवाज़ा बन्द हो गया।
हम में से कोई भी
कुछ नहीं बोला।

मैं दिवास्वप्नों में खो जाता हूँ

मैं दिवास्वप्नों में खो जाता हूँ
सबसे दूर वाले भूसे के इस खेत में,
सख़्त खर-पतवार और पर्ण के
इन कुञ्जों में।
रोएँदार घास के गुच्छों के चहुँ ओर
भँवरती हैं तितलियाँ —
वे स्वर्ग की चिड़ियों से भी
ज़्यादा सुन्दर हैं,
और मैं फिर एक बच्चा हूँ
और दूर
और सुगन्धित घास और
उड़ते बादलों के साथ
एक —
जब तक
कच्ची हवा
चीड़ जितनी बड़ी
अकेली
एक सेवार की चोटी को
हिला नहीं देती
और चींटियाँ
मेरे कपड़ों के भीतर
नहीं सरक आतीं।

न कोई कार, न कोई हवाई जहाज़

न कोई कार,
न कोई हवाई जहाज़ —
या तो भूसा-गाड़ी
या फिर रद्दी वाला छकड़ा
— या इलीजाह का अग्नि-रथ।

तुम बाशो से आगे नहीं पहुँचोगे।
वह पैदल चल कर ही वहाँ पहुँच गया था।

मैं बेमतलब फिर रहा हूँ

मैं बेमतलब फिर रहा हूँ, हवा
मुझे हाँक रही है, लहरें मुझे हाँक रही हैं।
मैं एक लट्ठ पर चढ़ गया हूँ,
मुझे नाज़ है कि वह खुदा हुआ, नक़्क़ाशा हुआ है।

रोड-रोलर

मोड़ पर वह तुम्हें पर्याप्त चेतावनी देता है,
कम रोशनी में तुम्हारी तरफ़ आता है,
अग्नि-सींग
उसके माथे से टिमटिमाते हैं —
भारी गति से आता है, अधिकारपूर्ण ढंग से लुढ़कता आता है,
उस डामर-पट्टी को हमवार करता हुआ जिस पर तुम्हें जाना है।

हरेक को डामर-पट्टियों पर बने रहना है,
जचकी-गृह से शमशान तक
सरकती हुई कन्वेयर बेल्टों पर।

मैं एक पुराने दर्पण को देखता हूँ

आगे दर्पण।
पीछे ईडन के बगीचे का चित्र।

काँच के, बूढ़े, उस्ताद का
बनावटी दर्प।

तुम अब भी सवारी कर रहे हो

तुम अब भी मेरी बगल में
सवारी कर रहे हो,
डूबता हुआ सूरज
अयाल में,
चिनगारियाँ और खुरों की आवाज़ें
बज रही हैं
एकान्त पर्वत के भीतर से —
तुम अब भी मेरी बगल में
सवारी कर रहे हो,
बारिश में से होते हुए
जो बरस रही है हवा में
जो सख़्त पड़ती जा रही है
नीचे जाती हुई
इस ढलुवाँ राह पर
जो तेज़ी से गिर रही है —
वह नीचे जा रही है, सीधा नीचे तल की ओर जा रही है,
मैं बस यही जानता हूँ, और शरद् की रात उतर आयी है।

घास की कुछ पत्तियाँ (1980)

पर्वत अब मुझे लुभाते नहीं

पर्वत अब मुझे लुभाते नहीं।
मैंने ठण्डी हिमराशियों के बीच अब काफ़ी देर रह लिया है।
मैं अब भी वनों में से गुज़रता हूँ, शरद् की
हवा को सुनता हूँ, गिरितालों के पास रुकता हूँ,
नदियों के पीछे जाता हूँ। वर्ष के आख़िरी दिनों तक भी
तुम्हें वहाँ बेर मिल जायेंगे।
यदि तुम्हें और आगे जाना है तुम्हें पर्वतों को पार करना होगा।
चोटियों को दिशाकोणों की तरह वहीं खड़ा रहने दो जहाँ पर वे हैं।

मेज़ पर नया कपड़ा

मेज़ पर नया पीला कपड़ा।
और साफ़-सुथरे सफ़ेद पन्ने!
यहाँ शब्दों को ज़रूर आना चाहिए,
इतना बढ़िया नया कपड़ा है यहाँ
और इतना बढ़िया कागज़!
बर्फ़ जम गयी थी फ़्योर्ड पर,
पक्षी आये और उतर गये।

नदी गुनगुनाती है

पत्ते आते हैं,
टहनियाँ और कचरा,
झाड़ियाँ और ठूँठ —

मैं इस सब को ख़ुशी-ख़ुशी
पीठ पर लाद ले आता हूँ
जब तक मुझसे होता है,

जब, और, नहीं कर पाता,
मैं इसे फेंक देता हूँ,
वहीं छोड़ देता हूँ,

किसी और दिन ले आऊँगा।
मैं पृथ्वी के पानी और नालों के लिए
बहुत आभारी हूँ,

वे मेरी ताक़त को बढ़ाते हैं।
यदि कोई बिगड़ैल शाखा-नदी
नाचती आती है,

मेरी साँस तक
मुझसे छिटक जाती है,
हम अपनी रीढ़ें अकड़ाते हैं

और झगड़ते हैं, झगड़ते हैं,
कौन आगे बढ़ेगा,
कौन रास्ता छोड़ेगा?

एक बर्फ़ीली शाम
मैं एक लैम्प-पोस्ट के नीचे रुकता हूँ

अन्ततः मुझे नज़र आता है
वह अकेला लैम्प-पोस्ट
वहाँ जहाँ सड़क बँटती है,

बर्फ़ीली शाम में
रोशनी का अपना छाता
सतत ऊपर किये हुए।

मैं रुकता हूँ, हालाँकि मेरे पास
कोई प्रेम-पत्र नहीं है
जो मुझे शर्माते हुए

पढ़ लेना चाहिए था, बस
यह विचित्र लगता है
यहाँ रुकना,

इस छाते के नीचे, जब
बर्फ़ इतनी घनी है,
और यह देखना

कि कैसे उसके फाहे
रोशनी के छल्ले में
थोड़ी देर तैरते हैं

फिर घूम जाते हैं
वापिस अन्धेरे में

या धीमे-धीमे बैठ जाते हैं।

और मेरे चहुँ ओर अन्धेरे में
— बर्फ़, बर्फ़।

बड़ी तराज़ू

इस गोदाम में यहाँ
सबसे ज़्यादा महत्व
(बेशक मेरे साथ-साथ)
पुरानी तराज़ू का है,
इसीलिए उसकी जगह
फ़र्श के मध्य में है, वही
बताती है कि चीज़ें कितनी भारी हैं, तय करने के लिए
कि उन्हें खरीदने में कितनी कीमत लगेगी।
सही है — क्रेटों और बोरियों को खींचते-हिलाते
मैं महसूस कर सकता हूँ
कि वे कितनी भारी हैं,
पर उन्हें तराज़ू पर चढ़ना ही होता है
ताकि वह अपनी बात कह सके।
हम लेन-देन करते हैं, तराज़ू और मैं,
जब मैं बट्टे जोड़ता हूँ,
और ज़्यादातर
हम सहमत होते हैं — वह झुकती है,
मैं सिर हिलाता हूँ,
और हम कहते हैं
"लो" — एक-एक पाई
गिनने की ज़रूरत नहीं।
तराज़ू को ज़ंग लगी है और मेरी कमर में
गठिया है;
ख़ुशी यह है कि बट्टे
उन चीज़ों से हल्के हैं जिन्हें मैं तौलता हूँ।
कई बार मैं देखता हूँ कि लोग

मेरी परिशुद्धता पर शक करते हैं।
लोग विचित्र हैं।
यदि वे कुछ बेच रहे हैं
वह ज़रूर भारी होगा,
यदि वे कुछ ख़रीद रहे हैं
वह ज़रूर हल्का होगा।
एक दिन मैजिस्ट्रेट भी यहाँ आया था,
वह भी तराज़ू को घूर रहा था, बेशक
वह याद कर रहा था कि उसे
क्या तौलना है।
"यह न्याय बाँटने की तराज़ू नहीं है," मैंने कहा,
हालाँकि मेरी कल्पना में जो था
उसे मैंने सुनार के यहाँ देखा था,
वह चिमटी से
स्वर्ण-धूल तौल रहा था।
यूँ भी, मैंने अक्सर सोचा है
एक मैजिस्ट्रेट को क्या तौलना होता है :
सही और ग़लत,
दण्ड और जुर्माना,
जीवन और नियति।
उन बट्टों को,
उस तराज़ू को
कौन समंजित करता है?

पर्वत इतने भारी हैं
कि उन्हें हिलाना मुश्किल है

पर्वत इतने भारी हैं कि उन्हें हिलाना मुश्किल है,
बलूत की जड़ टस से मस नहीं होती,
किसकी हिम्मत है कि वह दुनिया की
बड़ी वस्तुओं से पंगा ले?
बैल और हाथी लम्बे सफ़र में
उन्हें पीठ पर ढोते हैं, गरुड़ फेंक देते हैं
रक्तरंजित टुकड़े और
चट्टानों की दीवारों पर और खोहों में
झपटते हैं,
भेड़िये उन पर कुत्तों की तरह लड़ते हैं,
लोमड़ियाँ शिकार के चहुँ ओर घूमती हैं,
मक्खियाँ उन्हें गन्दा करती हैं,
मैगपाइ चाँदी को चुराती है,
साँप किरीट पहनता है।

तुम कब से सो रहे थे?

तुम असल में
हिम्मत कर रहे हो
आँखें खोलकर
अपने चारों तरफ देखने की?
ओ हाँ, तुम यहीं हो,
यहीं इस दुनिया में,
तुम स्वप्न नहीं ले रहे,
यह इसी तरह है,
जैसे
तुम इसे देख रहे हो,
चीज़ें यहाँ
इसी तरह हैं।
इसी तरह?
ओ हाँ, बिलकुल इसी तरह,
और किसी तरह नहीं।
तुम कब से सो रहे थे?

एक बारिश वाले दिन मैं पुराने बलूत के नीचे रुकता हूँ

यह सिर्फ़ बारिश नहीं है
जिसकी वजह से मैं सड़क के किनारे
पुराने बलूत के नीचे
रुकता हूँ, चौड़े शिखर के नीचे
सुरक्षित महसूस
होता है, यह ज़रूर
पुरानी मित्रता होगी जो बलूत को और मुझे
वहाँ चुपचाप
खड़ा होने देती है, पत्तों में से बारिश के
टपकने की आवाज़ को सुनते हुए, धूसर दिन में
बाहर देखते हुए,
प्रतीक्षा करते हुए, समझते हुए।
दुनिया पुरानी है, हम सोचते हैं,
और हम दोनों बूढ़े हो रहे हैं।
आज मैं सूखा नहीं खड़ा हुआ,
पत्तों ने गिरने की आदत डाल ली है,
कच्ची हवा में
खट्टी बू है, मैं अपनी खोपड़ी पर
बूँदें महसूस कर रहा हूँ।

पत्ते छूटते हैं

ठीक है, वह उन्हें ले ले,
भूर्ज सोचता है, और हवा को
पीले पत्तों से

खिलवाड़ करने देता है —
पतली टहनियों में नंगा
और ठण्डा खड़ा रह जाता है।

और कुछ नहीं ऐसा,
दरिद्र होने जैसा,
न ही

खड़ा होने के लिए
नंगी चट्टान से बेहतर
कोई जगह है।

बलूत भी अब नंगा है
पर दरिद्र नहीं।
समझदारी से चूस ली थी उसने

पत्तों में से ताक़त
एक के बाद एक
उन्हें छोड़ने से पहले।

तब से सोया पड़ा है
धूसर छाल के नीचे,
गाँठों वाली टहनियाँ

सितारों के लिए
    रात को टोहती हैं,
        और जड़ें गहरा भेदती हैं

पनाह देती मिट्टी में।

ऊलाव हाउगे

अब यह माना जाने लगा है कि ऊलाव हाउगे (1908-1994) बीसवीं सदी में नॉर्वे के सबसे महत्वपूर्ण कवि थे। वे पश्चिमी नॉर्वे के पहाड़ी गाँव उल्विक में पैदा हुए थे और लगभग सारी उम्र इसी गाँव में रहे। अपने एक एकड़ के खेत में वे सेब उगाते थे और उन्हें बेचकर गुज़ारा करते थे। उनके जीते-जी उनके सात कविता-संग्रह प्रकाशित हुए।

ऊलाव हाउगे ने यूरोप व अमरीका के कई नये-पुराने कवियों का नॉर्वीजी भाषा में अनुवाद भी किया, जिनमें टेनिसन, येट्स, ब्राउनिंग, मालार्मे, रिम्बो, होल्डर्लिन, पॉल सेलान तथा ब्रेख़्त आदि शामिल हैं।

युवावस्था से लेकर पचास की उम्र के कुछ बाद के वर्षों तक हाउगे बीच-बीच में गम्भीर मनोरोग की गिरिफ़्त में आ जाया करते थे। लम्बी और कष्टप्रद मनोचिकित्सा से वे कभी-कभी और भी अस्वस्थ और अवसादग्रस्त हो जाते थे।

उनके मरणोपरान्त यह पता चला कि पन्द्रह वर्ष की आयु से वे नियमित डायरी लिखा करते थे। लगभग चार हज़ार पन्ने की यह डायरी नॉर्वे में लिखी गयी सम्भवतः सबसे लम्बी डायरी है। अलावा इसके उनके द्वारा किये गये अनुवादों की सात पुस्तकें और उनके पत्र-व्यवहार पर आधारित कई पुस्तकें प्रकाशित हैं।

सभी महत्वपूर्ण नॉर्वीजी पुरस्कारों से सम्मानित ऊलाव हाउगे नॉर्वे के प्रायः सबसे अधिक चाहे जाने वाले कवि हैं।

रुस्तम सिंह

हिन्दी कवि रुस्तम सिंह, जिनका कविता संग्रह वाणी प्रकाशन से 2003 में छपा था, इन दिनों स्वैच्छिक संस्था एकलव्य, भोपाल में वरिष्ठ सम्पादक हैं। इससे पहले वे महात्मा गाँधी अन्तर्राष्ट्रीय हिन्दी विश्वविद्यालय की हिन्दी अध्ययन पर केन्द्रित अँग्रेजी पत्रिका *हिन्दीः लैंग्वेज, डिस्कोर्स, राइटिंग* के सम्पादक एवं *इकोनॉमिक एंड पॉलिटिकल वीकली*, मुम्बई के सह सम्पादक रहे। वे सेन्टर फॉर द स्टडी ऑफ डेवलपिंग सोसाइटीज़, दिल्ली एवं इंडियन इंस्टीट्यूट ऑफ एडवांस्ड स्टडी, शिमला में फ़ेलो भी रहे। अँग्रेजी में दर्शन, साहित्य सिद्धान्त और राजनीतिक दर्शन से सम्बद्ध उनके लेख विभिन्न पुस्तकों एवं पत्रिकाओं में छपे हैं।

उन्होंने हेनरिक इब्सन के दो नाटकों, *मास्टर बिल्डर* और *हेड्डा गेब्लर* का अनुवाद भी किया है। ये नाटक वाणी प्रकाशन, दिल्ली से छपे हैं।

उनकी कविताएँ तेलुगु, अँग्रेज़ी एवं स्वीडी भाषाओं में अनूदित हुई हैं।